AF272641

Monika Neusser

„Hot in the city„

…. und 34 weitere wahre Geschichten zum lachen, schmunzeln,
kichern, zerkugeln, grinsen, lächeln, ….

FÜR ALLE,
DIE DAS LEBEN MIT HUMOR NEHMEN!

Impressum

© 2008 Monika Neusser

Umschlaggestaltung, Herstellung und Verlag: Books on Demand GmbH,
Norderstedt

ISBN: 978-3-8370-2466-1

Bibliografische Information Der Deutschen Bibliothek:

Die Deutsche Bibliothek verzeichnet diese Publikation in der Deutschen
Nationalbibliografie; detaillierte bibliografische Daten sind im Internet über
http:// dnb.ddb.de abrufbar.

Inhaltsverzeichnis

Prolog

Jeder Mensch erlebt im Laufe der Jahre unzählige komische, lustige, peinliche, skurrile Situationen. Ich habe mir immer wieder diese Erzählungen von anderen und auch meine eigenen Erlebnisse in Stichworten notiert.

Die Namen habe ich teilweise verändert, aber wenn ihr euch selbst in manchen Geschichten erkennt, verzeiht mir kleine schriftstellerische Freiheiten und denkt daran, dass ich dies nur aufgeschrieben habe, um mehr Humor in all unser Leben zu bringen.

Ich möchte mich bei allen bedanken, die Mitwirkende, Verursacher, oder Erzähler der verschiedenen Ereignisse waren, unter anderem: Katharina, Christa, Günther, Silvia, Sonja1, Mama, Papa, Leontine, Heinz, Sonja2, Franz, Alois, Karli, Conni, Gerhard, Martina, Renate1, Renate2, Massimo, Roman, Ferdinand, Richard, Andrej, ...und viele mehr.

Meinem Papa Erwin Unterlechner bin ich unendlich dankbar, denn von ihm habe ich die Gabe gelernt, Geschichten, Gedichte, ... zu schreiben. Er hat unzählige Parodien, Gedichte und andere wundervolle Zeilen geschrieben und ist obendrein ein begnadeter Stimmungsmusiker.

Danke an meinen lieben Mann Karli, der durch seine Illustrationen die Geschichten für den Leser noch ansprechender gemacht hat.

Vielen herzlichen Dank an Josef Kis, ein anerkannter Pan-Art-Künstler, der mir aus alter Tennisfreundschaft gestattet hat, seine Werke für den Buchumschlag zu verwenden.

Es ist natürlich in meinem Umfeld bekannt, dass ich die diversen Geschehnisse notiere, aber meiner Freundin Alexandra habe ich es zu verdanken, dass ich diese wahren Geschichten – und das sind sie wirklich – in dieser Form niedergeschrieben habe. Sie hat mich immer wieder gedrängt, dies endlich zu tun.

Wenn das Buch gefällt, dann bitte auch Alex dankbar sein, denn ohne sie, hätten wir ein paar Stunden im Leben weniger zu schmunzeln.

In den Sand gebaut

Katharina ist eine leidenschaftliche Architektin. Ihre Burgen, Gärten und Häuser sind wahre Kunstwerke und werden selbstverständlich immer wieder gerne auf Fotos festgehalten. Sie frönt dieser Leidenschaft seit ihrem zweiten Geburtstag vor rund acht Monaten. Sie ist der unumstrittene Chef in der Sandkiste des hauseigenen Gartens. Papa hat in liebevoller Kleinarbeit ein kleines Sandkistenreich mit Überdachung geschaffen. Auf ihre Anweisung hin wurden Kindersessel rund um die Sandkiste postiert, damit die Nachbarskinder als Publikum für ihre Bauvorführungen herhalten können. Etwaige Hilfeangebote werden nur in Ausnahmefällen angenommen.

Ihre Eltern voll des Stolzes möchten natürlich dieses Architektur-Talent fördern und beschließen, den nächsten Urlaub am Strand von Caorle zu verbringen. Sie hätte dort ein schier niemals zu Ende gehendes Baumaterial vorzufinden, Platz für jegliche Art von Bauwerken jeder Größe und jeder nur irgendwie vorstellbaren Art. Mit einem Wort ein unerschöpfliches Paradies und nicht vergleichbar mit der 1,5 x 1,5 Meter kleinen Sandkiste zu Hause.

Während der Fahrt haben Mama und Papa den Sandstrand in nur allen möglichen Variationen gelobt und gepriesen und Katharina somit die Wartezeit etwas verkürzt. Und dann endlich, Ortsschild Caorle. Papa sucht verzweifelt eine Zufahrt direkt zum Strand, wo man als Autofahrer nicht gleich verprügelt wird, wenn man ganz nah zufährt. Aber Katharina soll ja gleich ihre kleinen Füßchen in ihren geliebten

9

Sand setzen dürfen, das hat man ihr versprechen müssen. Also Motor aus, Türe auf, erster Schritt in den herrlichen Sand, die kleine Kathi steht bis zu den Knöcheln im Sand, rund um sie nichts als Sand, Sand, Sand und ihre ersten Worte sind:

„Und wo ist die Sandkiste, Papa?"

Ich hab` dein Knie gesehen ....

Julia, eine meiner besten Freundinnen, Anfang 50, schlank, blonde, flotte Kurzhaarfrisur, sportliche Kleidung – mit einem Wort eine attraktive Jungseniorin, noch dazu liebenswert, humorvoll – einfach super!

In Abständen von etwa einem Jahr stellt sie sich vor mich hin und beschließt, dass sie sich die Fettablagerungen rund um die Knie absaugen lassen wird. Mit einem anfänglichen „Bist du deppert" und einem späteren „Du bist doch, so wie du bist hübsch, fesch und hast das wirklich nicht notwendig" bis zum freundschaftlichen Verbot, einen solchen Eingriff vornehmen zu lassen, haben wir alle Abwehrsituationen durchgemacht. Aber Julia lässt nicht locker. Wieder steht sie vor mir und ist so furchtbar unglücklich über ihre ach so dicken Knie. Mit einem kurzen Blick auf meine Knie und den Rest meines Körpers, der um ca. 15 kg mehr auf den Rippen hat, beginne ich leicht nachzudenken, wie wohl ich auf sie wirken mag. Aber das wird schnell verdrängt, denn so wild entschlossen, den Eingriff durchführen zu lassen, habe ich sie noch nie gesehen.

Alles, was nur annähernd an Schönheitsoperationen, oder Wischi-Waschi-Behandlungen am Körper durchgeführt werden soll, ist mir zutiefst zuwider. Aus lauter Freundschaft schlage ich aber dennoch vor, als letzte Möglichkeit die Behandlungen mit Beinwickel aus Meeresalgen und diversen anderen Zusätzen durchführen zu lassen, mit der Auflage, dass ich mitmache und sie bei Misserfolg den operativen

Eingriff vornehmen lassen darf. Also Vorgespräch im „Kosmetikinstitut Elfi". Größe, Gewicht, Essgewohnheiten, ... Die Therapeutin ist tief erschüttert, dass ich zum Frühstück eine Fruchtkolatsche in mich reinstopfe, denn das bringt irgendetwas in meinem Energiehaushalt in Unordnung und der Zuckergehalt bewirkt auch irgendetwas Negatives. Ich habe es auch gnädig hingenommen, als sie meinte, dass meine Zellulitis nicht schlabberig, sondern, Gott sei Dank, fest ist. War mir bis jetzt egal und wird auch so bleiben. Ich habe alle Bemerkungen mit einem Lächeln zur Kenntnis genommen, aber das Folgende war einfach zuviel für mich:

Ich wurde mit Meeresalgen eingerieben, in Zellophan eingewickelt und eine halbe Stunde damit ans Bett fixiert – mit dem Auftrag, ich soll mich entspannen. Ich tue alles nur für Julia!

Nach der dritten Behandlung bemerkte ich drei Rötungen am linken Oberschenkel, die sich von Stunde zu Stunde mehr entzündeten. Es war Winter und das Tragen von Strumpfhosen oder langen Hosen war unmöglich. Die drei Stellen wurden größer und entpuppten sich beim schnell konsultierten Hautarzt als massive Verätzung. Die Schmerzen waren nicht von schlechten Eltern.

Der Salon Elfi bedauerte alles zutiefst, war sich aber keiner Schuld bewusst und zahlte zumindest das Geld zurück. Meine Freundin Julia hat die Behandlungen zu Ende geführt – übrigens mit mäßigem Erfolg. Aber nach ihren Wechseljahren waren die dicken Knie sowieso kein Thema mehr und alles war o.k. für sie.

Und die Bemerkung von meinem Mann hat mir auch gerade noch gefehlt: „Deine tolle Freundin ist wirklich nicht ganz normal, wegen ihr hast du für immer die Flecken am Oberschenkel. Außerdem wären wir in Amerika mit einer Klage gegen das Kosmetikinstitut reich geworden."

Ich habe es einfach wortlos hingenommen; alles nur für Julia!

Frisch gestrichen

Sonja und ich sind dicke Freundinnen und unternehmen wirklich eine Menge von Dingen gemeinsam. Wir sind zwar typische Teenager, die vor allem beim Tanzen die ersten am Parkett sind, aber dennoch auch ein wenig „echte" Kultur in unsere Unternehmungen einfließen lassen. So ruft mich Sonja eines Tages nach der Schule an und teilt mir mit, dass sie zwei Gratiskarten für das Künstlerhaus hat. Sie weiß nicht genau, was dort gespielt wird, aber das ist bei Freikarten ja nicht so wichtig. Klar bin ich dabei und wir vereinbaren den Treffpunkt um 19 Uhr beim Eingang.

Ich düse mit der Straßenbahn hin und bin Punkt 19 Uhr gestellt. Schon beim Eingang fällt mir auf, dass der komplette Eingangsbereich mit rotweißen Absperrbändern versehen ist und Zetteln mit der Aufschrift „Frisch gestrichen" überall hängen. Man muss also bei jedem Schritt aufpassen, dass man nirgendwo anstreift und das nervt mich gewaltig, weil es noch dazu dort ziemlich eng und der Besucherandrang sehr hoch ist. Ich schiebe mich also vorsichtig mit meiner Freundin durch die Menge und meine Nerven beginnen sich langsam anzuspannen, bis ich ziemlich sauer zu meiner Freundin sage: „Ich verstehe das einfach nicht, müssen die das unbedingt streichen, wenn Vorstellung ist? Das muss sicher ein Mann so eingeteilt haben." Sonja bekommt einen Lachanfall und sagt zu mir: „*Frisch gestrichen*" heißt das Programm des neuen Kabarettisten, das wir heute zu sehen bekommen!"

Peinlich, peinlich ....

Crazy Underwear

Am Fensterbrett lümmeln, einen kleinen Polster unter den verschränkten Armen und Leute ausrichten, das war eine große Leidenschaft von meiner Mutter und mir. Wir konnten uns prächtig amüsieren und hatten einen Mordsspaß dabei.

Beim Lästern und Lachen fragte ich einmal so zwischendurch, wo eigentlich Papa gerade sei. Meine Mutter sagte: „Der ist Unterwäsche machen lassen gefahren." Ich antwortete mit einem erstaunten „Aha!" Nach einer Minute Bedenkzeit ließ es mir aber doch keine Ruhe und ich fragte, seit wann sich denn Papa die Unterwäsche extra anfertigen ließ. Dies war mir eigentlich nur von irgendwelchen englischen Snobs bekannt. Daraufhin lachte sie mich ganz fürchterlich aus und sagte, dass er nur eine Unterwäsche beim Auto machen lassen würde.

Unser gemeinsames Wiehern war in der ganzen Straße zu hören.

Ich hasse Hansi Hinterseer

Christa und Günther fuhren für ein paar Tage mit den Enkelkindern in den Schiurlaub. Sie hatten ein Appartement gemietet und das Auto war natürlich gerammelt voll mit Zeugs aller Art. Da sie auf der Fahrt dringend ein bestimmtes Medikament gesucht haben und dies natürlich in einer der untersten Taschen verpackt war, haben sie einige Gepäckstücke bei einem kurzen Stopp ausladen müssen, so auch Christas wunderschöne, weiße „Hansi Hinterseer-Fellstiefel". Nach über einer Stunde Fahrzeit fragte Christa, ob Günther auch wieder die Fellstiefel in das Auto getan hat. Günther war sich nicht sicher und die beiden warfen einen Blick in den Kofferraum. Zu sehen war aber nur mehr *ein* Stiefel. Voll des Ärgers haben die beiden am nächsten Rastplatz den verwaisten Stiefel weggeworfen.

Beim Ausladen der Koffer am Urlaubsort traf Christa fast der Schlag, der vermisste Stiefel ist im Kofferraum nun doch aufgetaucht. Mit Zornesröte im Gesicht, landete dieser Fellstiefel im nächsten Mistkübel.

Bei der Heimfahrt nach ein paar Tagen kamen die beiden wieder an dem Rastplatz vorbei, wo sie den anderen Stiefel weggeworfen haben und siehe da – er stand dort neben dem Mistkübel und – sie haben geschworen – er grinste die beiden einfach nur hämisch an!

Nackte Tatsachen

Meine frühere Arbeitskollegin Fr.W. hat mir folgende wahre Geschichte erzählt:

In einer diesen wirklich kalten Winternächte wurde sie durch ein ziemlich energisches Läuten und Klopfen an ihrer Wohnungstüre aus dem Schlaf gerissen. Noch total verschlafen taumelte sie zur Türe und schaute durch das Guckloch – absolute Finsternis! Doch dann hörte sie eine Stimme: „Fr.W., bitte helfen Sie mir, ich bin Ihr Nachbar, Hr.B. und ich bin Schlafwandler. Ich stehe hier nackt am Gang, darum habe ich auch kein Licht aufgedreht. Durch das Zufallen meiner Eingangstüre bin ich wachgeworden. Ich kann meine Freundin anrufen, die hat einen Zweitschlüssel, aber bitte, borgen Sie mir etwas zum Anziehen und lassen sie mich anrufen und warten. Es ist mir furchtbar peinlich, aber ich weiß keine andere Lösung."

Sie war schlagartig total munter und tausende Gedanken schossen ihr durch den Kopf. Sie kennt zwar Hrn.B. vom gelegentlichen „Guten Morgen" oder „Guten Abend", aber das war es schon. Dass sich ihre Bekanntschaft auf diese Weise vertiefen würde, hätte sie sich nicht vorstellen können. Also gut, sie holte aus dem Bad den Bademantel ihres Mannes, der selig in seinem Bett schlummerte, öffnete die Türe und gab vorerst den Mantel an den unglücklichen und frierenden Nachbarn. Sie bat ihn in die Küche und kochte Tee, während Herr B. seine Freundin aus dem Schlaf riss und sie anflehte, mit einem Taxi seinen Schlüssel zu bringen.

Ihr einziger Gedanke war nur: „Wenn jetzt mein Mann aufwacht, einen fremden Mann mit seinem Bademantel in unserer Küche sitzen sieht, muss ich schneller mit meiner Erklärung sein, bevor er einen hysterischen Anfall bekommt. Das bedeutet volle Konzentration, auch wenn es drei Uhr Früh ist!"

Aber Ende gut, alles gut. Freundin brachte Schlüssel, Nachbar ging wieder schlafen, Fr.W ebenfalls und ihr Mann hat alles friedlich verschlafen.

Man spricht Deutsch

Es war ein herrlicher Urlaub auf Bali. Ein wahres Paradies. Kurt, Ingrid, Karl und Gerda genossen diese Wochen wirklich aus vollster Seele. Es wurde gelacht und die Stimmung war einfach locker und total vom guten Schmäh der Vier geprägt.

Am Abend wurde man natürlich von den vielen Straßenhändlern ziemlich belagert und sie wurden eigentlich auch ein bisschen lästig. Mit einem Händler, der den Damen unbedingt seine bemalten Tücher aufschwatzen wollte, kamen sie ins Gespräch und er fragte in einem passablen Englisch, woher sie kommen und wie es ihnen hier gefällt. Aber immer wieder drängte er, doch endlich seine Tücher zu probieren und zu kaufen. Er wollte dann unbedingt wissen, wie man sich in Deutschland besonders freundlich begrüßt. Klar, er wollte damit die deutschen Urlauber beeindrucken. Kurt sagte mit eiserner Miene: „Bei uns sagt man: Geh scheißen, Piefke" und er setzte dabei sein charmantestes Lächeln auf. Er ließ den Händler diese Worte ein paar Mal wiederholen und alle Vier legten sich auf die Lauer. Es dauerte keine fünf Minuten und ein deutsches Ehepaar steuerte auf den Händler zu. Er flötete ein grinsendes „Geh scheißen, Piefke" in Richtung der deutschen Urlauber.

Die Gesichter der beiden Deutschen werden sie niemals vergessen – nur der Gedanke daran ließ sie immer wieder in schallendes Gelächter ausbrechen, auch noch Jahre danach. Die Schimpfworte, die dem einen deutschen Urlauber dann entsprangen, haben die Vier leider nur mehr mit halben Ohr gehört, da sie sich schnell aus dem Staub gemacht haben.

Oben ohne

Wir waren zwei Mädels im besten Alter und freuten uns schon irrsinnig auf den ersten Cluburlaub. Der allerneueste Trend war damals All Inclusive im Club Mediterrané. Wir hatten uns für einen neuen Club im früheren Jugoslawien entschieden und es war total schick, in unversperrten Strohhütten ohne Strom zu wohnen. Da die Hütte natürlich auch nicht luft- und wasserdicht war, gab es zahlreiche Möglichkeiten für größere und kleinere Tiere, es sich in der Hütte gemütlich zu machen. Nach dem anfänglichen, abendlichen Ableuchten des Bettes und der Kleidung mit der Taschenlampe auf der Suche nach irgendwelchen Insekten haben wir es bald aufgegeben und uns einfach die Nacht in der Disco um die Ohren geschlagen und den Tag schlafend am Strand verbracht.

Eines Nachmittags war meine Freundin am Strand und ich habe mich in der Hütte aufgehalten. Mit unseren knackigen 21 Jahren war es selbstverständlich, oben ohne zu gehen. Plötzlich wurde ich durch ein Rascheln aufgeschreckt. An der gelben Bluse, die am Haken hing, saß ein überdimensionales, krabbelndes, schwarzes Ding. Also Panik – erst mal raus aus der Hütte!

Der Nachbar, ein älterer, etwas dicklicher Franzose, saß gemütlich vor seiner Hütte und las. Er kein Englisch und kein Deutsch, ich kein Französisch, also musste ich es in meiner Panik anders versuchen. Ich deutete mit dem rechten Zeigefinger, dass er mir folgen sollte. Es musste für ihn wie ein lüsternes „Komm mit mir, du süßer Schatz" ausgesehen haben. Jedenfalls folgte er mir wie in Trance und betrat unsere Strohhütte. Ich habe vollkommen vergessen, dass ich halbnackt vor ihm stand.

Ich bin fest überzeugt, dass er heilfroh war, als ich auf den Riesenflieger gedeutet und mich nicht auf ihn gestürzt habe.

Rinderwahn

Wir hatten einiges gemeinsam mit dem Starkoch aus England, Jamie Oliver – wir liebten das lockere Leben, waren jung und vergnügt, nur sein Kochtalent hatten wir leider nicht, denn wir hatten nur Unsinn im Kopf und unser Tag bestand hauptsächlich aus Kichern und Tratschen. Mit unseren 13 Jahren interessierte es uns herzlich wenig, wie viel das Rindfleisch kostet oder wie man es besonders weich bekommt. Wir waren höchstens an dem männlichen, jungen Frischfleisch in unserer Straße interessiert. Aber Kochunterricht musste eben sein, vier Stunden wöchentlich – ein absoluter Horror. Man konnte es nur durch permanentes Schmähführen durchstehen.

Meine Freundin Lisa und ich wurden zur Suppe eingeteilt. Das bedeutete z.B. Gemüse putzen, denn Tiefkühlgemüse war natürlich verpönt und Küchenmaschinen nicht verfügbar. Wir munterten uns beim Zerkleinern des Gemüses etwas damit auf, dass wir dem Gemüse immer leicht frivole Formen gaben und uns natürlich darüber fürchterlich zerkugelten. Die erste Ermahnung ließ nicht lange auf sich warten, aber das spornte uns erst recht an. Die zweite Ermahnung kassierten wir beim Zustellen des Wassers, weil wir eine kleine Wasser-Spritzorgie unter den Mädchen begannen.

Als endlich die Suppe fertig war, wurden wir angewiesen, diese abzuseihen. Kein Problem: wir gehen zum Abfluss, Lisa hält das Sieb, ich schütte locker flockig – nur wir hatten keinen Topf darunter gestellt!

Nachdem wir zwei Drittel herrlichster Rindsuppe bereits verschüttet hatten, stürzte unsere Kochlehrerin auf uns zu und entriss mir den Kochtopf. Lisa und ich schauten uns an und begriffen in Sekundenbruchteilen, was geschehen war und es war einfach nicht anders möglich – wir bekamen einen fürchterlichen Lachkrampf, der uns für die restliche Zeit auf den Gang verbannte und uns eine geschmalzene Eintragung ins Klassenbuch kostete. Aber ehrlich gesagt – das war es einfach wert!

Hallo Taxi

Der forsche Herr Direktor Gruber und sein Chefbuchhalter, Herr Lehner, fahren in Bratislava mit dem Taxi vom Hotel in die Firma. Lehner steigt aus, denn der Herr Direktor übernimmt die Fahrtkosten. Lehner hat kaum die Autotüre geschlossen, da hört er wilde Diskussionen um den Fahrpreis und sieht seinen Chef beim heftigen Gestikulieren. Er beugt sich kurz durch das offene Beifahrerfenster und versteht sofort, worum es geht. Gruber will einfach nicht den am Display angeführten Preis zahlen und teilt dies immer wieder lautstark dem verzweifelten Taxifahrer mit. Ein Versuch von Lehner, seinem Chef behilflich zu werden, schmettert dieser mit den Worten „Das kann ich doch wohl alleine lösen" ab. Lehner zündet sich gelassen und lächelnd eine Zigarette an und wartet, bis sein Chef mit hochrotem Kopf und plötzlich mucksmäuschenstill aus dem Taxi steigt.

Lehner denkt sich „Jetzt hat er offenbar mitgekriegt, dass 102 Hz nicht die Anzeige des Taxameters war, sondern die Frequenzanzeige vom Radiosender."

Der beschissene Perser

Wie kann man nur ein noch nicht stubenreines Hundebaby am Samstag ins Büro mitnehmen und frei herumlaufen lassen? Das Unglück ist einfach vorprogrammiert!

Der süße, kleine Hunderacker machte es sich ausgerechnet auf dem echten Perser des Vorstandsdirektors gemütlich und verrichtete mit Genuss und wirklich in ordentlichem Ausmaße sein großes Geschäft. Was aus so einem kleinen Baby alles rauskommen kann! Ein kleiner, feiner Pinkel – er schätzte das feine Garn des Perserteppichs!

Was hätte ich dafür gegeben, den immer wie aus dem Ei gepellten Herrn Dr. A. auf den Knien Hundescheiße putzend anzutreffen – neben ihm das drollig, unschuldig dreinschauende Hundebaby. Soviel Schoko hätte ich gar nicht in den Mund stecken können, um nicht eine Gemeinheit rauszulassen und dann unter kreischendem Lachen zusammenzubrechen.

Als Tüpfelchen auf dem i haben wir dieses Geheimnis unserem Vorstandsdirektor bei seiner Pensionierung erzählt. Der Teppich wurde daraufhin großzügig seinem Nachfolger, Herrn Dr. A., verehrt und ging nicht in den Privatbesitz über.

Szenen einer Ehe

Sonne, Meer und nichts als Erholung. Kein Job, keine Verpflichtungen, nur tun und lassen, wozu man Lust hat. Genauso verbrachten wir nun schon einige Tage im herrlichen Istrien. Das Meer war wunderbar, aber auch das hoteleigene Pool war herrlich und wir tummelten uns stundenlang darin.

Beim Kofferpacken zu Hause machte ich mir natürlich, wie sicher jede andere normale Frau auch Gedanken, was ich zum Anziehen mitnehmen soll. Besonderes Augenmerk musste ich diesmal meiner Bademode widmen. Ich hatte leider in den letzten Monaten einige Kilos zugelegt. Bikinis waren sowieso seit Jahren aus meiner Garderobe verbannt, aber an Badeanzügen hatte ich mir eine ziemliche Sammlung zugelegt. Einer, der die Schenkel straffer aussehen lässt, einer, der die (fast nicht vorhandene) Taille betonen soll, einer, der die Oberweite hebt, ...

Vor vielen Jahren habe ich mir einen schreiend, knallig, ins Auge springenden, nicht zu übersehenden, pinkfarbenen Stretch-Badeanzug zugelegt. Herrlich bequem, da er sich je nach Fülle ausdehnt, aber eben ein Badeanzug, der nicht gerade die dezenteste Farbe hat. Trotzdem egal, im Urlaub muss das mal gewagt werden. Also, rein in den Koffer!

Nach einer Woche Urlaub war meine Haut schon sehr gebräunt und ich dachte mir, dass ich es nun wagen könnte, den pinkfarbenen Badeanzug zu tragen. Immer wieder riskierte ich einen Blick in den

Spiegel und verwarf sogleich wieder jeden Gedanken an ein etwaiges negatives Erscheinungsbild.

Ich stieg in den Pool, mein Mann hat bereits einige flotte Runden gedreht, als ich zu ihm hinschwamm und fragte: " Sag ehrlich, kann ich den Badeanzug eigentlich tragen?"

Mein Mann schaute mich prüfend an und meinte in seiner herb charmanten Art: „Na, ja, eigentlich fehlt dir nur mehr die Petersilie im Mund!"

Fazit dieser Bemerkung: am Abend kaufte ich mir einen sündteuren, neuen Badeanzug, der mich um zehn Jahre jünger und mindestens zehn Kilo leichter aussehen ließ und ....

.... meinen Mann habe ich nicht nach seiner Meinung gefragt.

Fondue und seine Folgen

Peter liebte Fondue und er richtete mit großer Sorgfalt die dafür notwendigen Zutaten her. Er schmeckte stundenlang selbstgemachte Saucen ab, schnitt Gemüse, Brot und Fleisch. Als Hobbykoch war er auch stolzer Besitzer eines Über-Drüber-Sauteuer-Messer-Sets. Grundsätzlich eine tolle Sache, aber es kam, wie es kommen musste. Eines Tages beim Schneiden des Fleisches für ein Fondue schnitt sich Peter fast die gesamte Fingerkuppe des linken Zeigefingers ab und musste ins Krankenhaus zum Nähen fahren. Er als Macho fuhr natürlich selbst mit dem Auto, damit inzwischen seine Frau die Gäste wieder ausladen und das vorbereitete Essen wegräumen konnte. Total gedankenlos schüttete sie den Spiritus in das WC und da sie keine Hand frei hatte, betätigte sie auch nicht die Wasserspülung. Nach rund einer Stunde kam Peter nach Hause und genehmigte sich zuerst einmal genüsslich eine Zigarette, die er, wie gewohnt am WC zu Ende rauchte und anschließend wie immer in die Muschel warf. Er saß nun so vor sich hin, warf den noch brennenden Stummel ins WC und in diesem Augenblick geschah es. Der Spiritus tat das, was man in diesem Falle von ihm erwartete – er entzündete sich in Sekundenschnelle. Peter sprang mit einem Riesensatz vom WC und schrie ganz laut. Seine Frau kam gelaufen und sah ihn im Bad stehen – mit runtergelassener Hose, neben der brennenden WC-Muschel und sich die „männlichen Juwelen" festhaltend. Er keuchte nur – Rettung bitte! Sie rief sofort an und konnte nur stammeln: „Mein Mann, sein Hintern, bitte kommen sie schnell!" Hilfe war in wenigen Minuten zur Stelle und man legte ihn auf die Barre: ein Sanitäter fragte Peter, wie denn das genau passiert sei. Peter berichtete von der Verkettung des Unglücks und dass wahrscheinlich auch seine Hoden verbrannt sind und da passierte es noch einmal!

Der Sanitäter musste plötzlich schallend lachen und die Barre rutschte ihm aus den Fingern!

Peter brach sich dabei den rechten Arm.

Es gab seither nie wieder Fondue in seinem Haus.

Die teure Sternschnuppe

Franz ist der Frauenheld unseres Tennisklubs. Er ist braungebrannt, topgekleidet, Föhnwelle und er hat den gewissen Schmäh, der auf bestimmte Frauen einfach umwerfend wirkt. Er ist zwar verheiratet, doch jeder kennt jedes noch so pikante Detail seiner zahlreichen Affären. Selbstverständlich ist er nicht von der Sorte Männer, die sagen „Der Gentleman genießt und schweigt." Nein, nein, wir wissen einfach alles. Ich rechne ihm eigentlich hoch an, dass er auch zu der folgenden Story steht und uns diese nicht verheimlicht hat.

Franz hat also eine neue Eroberung. Total verknallt in Gabi kann er die Hände nicht von ihr lassen. Er turtelt herum und zeigt seine neue Eroberung im ganzen Club. Gabi ist ebenfalls verheiratet und blind vor Liebe und Leidenschaft für den schönen Franz. Die kurzen flüchtigen Begegnungen, die mühsam abgezwackte Zeit füreinander verbringen sie auch gerne knutschend – oder auch mehr – im Auto.

So auch an einem sehr warmen Sommerabend hinter dem Zentralfriedhof auf einem Feldweg. Da es ihnen aber etwas heiß wurde, haben sie sich ihren Gefühlen neben dem Auto bzw. auf der Kühlerhaube hingegeben. Es war ca. 22 Uhr, die Luft war herrlich warm, die Sterne funkelten und die Leidenschaft war groß. Plötzlich ein kurzer Lichtschein, sie hauchte romantisch: „Ach Schatz, schau eine Sternschnuppe, wie romantisch, wünsch dir etwas."

Wenn er damals gewusst hätte, dass diese Sternschnuppe das Blitzgerät eines Detektiven war, der ihm gemeinsam mit dem gehörnten

Ehemann, die Schwierigkeiten seines Lebens bereitete, hätte er sich gewünscht, niemals dort gewesen zu sein.

Die Super - Nanny

Helmut spielte leidenschaftlich gerne Tarock. Seine Freitag-Herrenrunde war ihm heilig und er genoss diese Abende im Kreise seiner Freunde. Diesmal hatte man sich entschlossen, die sonst im Cafe stattfindende Tarockpartie bei Ferry zu Hause zu veranstalten. Weiß Gott, wie es dazu kam! Sie saßen so in der Runde, bewirtet von Ferrys netter Gattin Eva und tranken Bier und Spritzer. Nach etwa 20 Minuten kam Ferrys fünfjähriger Sohn Paul ins Zimmer gelaufen. Paul war wissbegierig, d.h. neugierig und nicht gerade leise mit seinen Fragen: „Was bedeutet die rote Karte mit den Nüssen drauf, Onkel? Warum gibst du die eine rote Karte nicht weg, wenn alle anderen schwarz sind, Papa?"

Ferry rief hilfesuchend seine Frau und diese drohte sogleich mit dem Schlimmsten „Komm, Paul, wir gehen ins Bett!" Das war das Signal zum Ausflippen von Paulchen. Er rannte zwischen den Stühlen, unter dem Tisch, die Karten flogen, ein Glas wurde umgestoßen und der Lärmpegel stieg in Sekundenschnelle durch Paulchens hysterische Schreie.

Da meldete sich Helmut zu Wort. Helmut war verheiratet, hatte drei Kinder, die allesamt gut erzogen waren, obwohl er nicht gerade den feinsten Dialekt beherrschte. Er war ein echter Meidlinger und trug das typische alte Wiener Herz auf den Lippen und sagte, was er sich denkt. Er sagte ganz leise und für Paulchen offenbar sehr interessant „Komm mal her, ich sag dir etwas!". Paulchen kam gerannt und Helmut flüsterte dem Buben etwas ins Ohr. Dieser rannte sofort zur Mutter und meinte artig: „Komm, Mama, gehen wir schnell ins Bett."

Die Männerrunde staunte und lobte Helmuts pädagogische Fähigkeiten, bis einer der Männer fragte, was er denn zu Paul gesagt hätte.

„I hob erm gsogt, dass er si auf da Stö ins Bett schleichen soi, weil i erm sunst seine Mülchzähnd anzeln aushau!"

Amen

Die Firmung meiner Stiefkinder Peter und Sabine stand ins Haus und mit Bedacht wurden die Firmpaten ausgewählt. Peter hat seinen Großvater erwählt und Sabine meine beste Freundin Sonja, die den Kindern, insbesondere Sabine, sehr ans Herz gewachsen war. Leider wurde Sabines Wunsch nicht erfüllt, denn Sonja war evangelisch und geschieden und somit nicht als Firmpate bei einer katholischen Firmung zugelassen – da war der zuständige Priester trotz verschiedener Ansuchen unerbittlich. In letzter Minute wurde irgendeine Bekannte aus dem Hut gezogen, zu der Sabine kaum Kontakt hatte, aber die Wünsche des Priesters vollständig erfüllte.

Die Firmung wurde vollzogen und die Familien kamen im Pfarrhof zu einer gemütlichen Kuchen- und Kaffee-Plauderei zusammen. Der Geistliche ging von einer Familie zur anderen und ich stand gerade mit meiner, von ihm als Firmpatin abgewiesenen Freundin und meiner Stieftochter zusammen, als er auch zu uns stieß und einen Small talk begann. Ich ließ es kurz über mich ergehen, doch dann bin ich vorgeprescht mit meinen Argumenten. Ich kann nicht verstehen, dass der minimale Unterschied zwischen den Evangelisten und Katholiken und eine schuldlos geschiedene Wunschpatin ein Grund sein darf, die Firmung zu verweigern, obwohl das Kind den gewünschten Firmpaten liebt und ihm vertraut und dieser nur positiven Einfluss auf die Entwicklung bzw. Erziehung des Kindes haben wird. Ich wies auch darauf hin, dass der nunmehr gewählte Firmpate das weitere Leben des

Kindes nicht beeinflussen wird, da keine enge persönliche Bindung besteht.

Der Priester blieb hart und wies immer wieder darauf hin, dass der Firmpate das gleiche Bekenntnis haben muss und nur das ausschlaggebend sein darf. Nach einer nun doch etwas laut gewordenen Diskussion fragte er mich: „Und wer sind eigentlich Sie?"

„Ich bin die Stiefmutter!" antwortete ich mit fester Stimme.

Das war nun endgültig genug – soviel Sünde in einer Familie war unerträglich und der Geistliche verabschiedete sich ganz schnell, floh aus dem Pfarrhof und war an diesem Tage nicht mehr gesehen.

Noch heute muss ich lächeln, wenn ich ihn in seinem sehr hohen Amt in den höchsten Kirchenkreisen im TV sehen kann.

Krawattenzwang

Erwin, Otto und Julius waren ein Bomben-Stimmungstrio. Mit ihren Parodien, Witzen und Wienerliedern waren sie in ganz Wien bekannt und beliebt. Natürlich vor allem bei sehr vielen Damen, die dem Charme eines Musikers nicht widerstehen konnten. Sie waren natürlich nicht nur künstlerisch absolute Spitze, sondern sahen auch ausgesprochen fesch aus in ihren maßgeschneiderten Hosen, den weiß gestärkten Hemden und den rotgemusterten Designer-Krawatten. Julius war der Playboy des Trios. Er genoss die Gesellschaft von schmachtenden Damen und brachte so manches Groupie zu Fall. So war es auch bei Hilde, die mit ihrem Gatten Stammgast bei den Musikern war. Da ihr Mann Schichtdienst hatte, war es möglich, so manche Nacht mit Hilde zu verbringen. Eines Tages – wie wir es ja aus vielen Filmen kennen – kam ihr Mann früher von der Nachtschicht heim und die beiden Turteltäubchen hörten sein Auto auf den Parkplatz fahren. Rasch zog sich Julius an und floh über den Balkon aus der ebenerdigen Wohnung. So weit so gut, aber es unterlief ihm ein fataler Fehler. Die Krawatte blieb irrtümlicherweise im ehelichen Schlafzimmer liegen. Der gehörnte Gatte fand diese sofort und wusste auf der Stelle, dass es einer der Musiker sein musste. Er hatte diese Krawatte schon zigmal bei den zahlreichen Heurigenbesuchen bei seinen Lieblingsmusikern gesehen.

Seine Frau musste zwar den Seitensprung zugeben, aber er hat nie erfahren, wer von dem Trio sein Nebenbuhler war. Die Ehe wurde gerettet, der Heurige aber verlor seine besten Stammgäste.

Wasti schlägt Salto

Der Dackel unserer Nachbarin war mir schon immer ein Dorn im Auge und sein Frauchen sowieso. Beide waren alt (was ja nicht als negativ eingestuft werden kann), dick und keifend. Täglich um 6.15 Uhr ging unsere Nachbarin mit ihrem Dackel Gassi und munterte ihn von der eigenen Gartentüre bis zum Ende unseres Weges fortwährend auf, doch endlich „scheissi" zu gehen und „aa" zu machen und fragte ihn dazwischen, warum er denn sein Geschäftchen nicht verrichten wollte. Der Dackel dachte wohl, na gut, jetzt sch.... ich drauf und suchte sich natürlich mit Vorliebe ein Fleckchen vor einem Gartentor der Nachbarn aus. Der restliche Heimweg wurde dann mit den löblichen Worten des Frauchens begleitet „Schönes Scheissi, braaaav, Wasti, großes Haufi, braaaav."

Dies wurde nun einem unserer Nachbarn zuviel und er legte sich auf die Lauer. Als der Köter sich gerade vor seinem Gartenzaun gemütlich in Position setzte, pfiff unser Nachbar mit einem Hundepfeifchen ein paar Mal hintereinander hinter einem Baum hervor und war über die Reaktion mehr als erstaunt. Der Dackel schlug einen halben Salto und lief johlend davon, sein Frauchen ängstlich hinterher.

Dieses für Menschen nicht hörbare Pfeifchen wurde in den Folgetagen von Nachbar zu Nachbar gereicht, bis am Ende der Woche sich der Dackel weigerte, aus dem eigenen Garten zu gehen und sein Frauchen ihn nur mit Gewalt aus dem Garten zerren konnte. Er weigerte sich aber standhaft, in unsere Richtung zu gehen! Wir hatten fortan Ruhe und der kleine Scheißer ärgerte andere Gartenbesitzer auf der anderen Seite der Siedlung.

Konfettiregen

Kollege R. war ein ausgesprochener Biedermann. Mitte 40, etwas dicklich, Brille, strenger Seitenscheitel, immer milde lächelnd, Kleidung immer in braun und grau gehalten und natürlich bei den zumeist jungen Kollegen der Abteilung zwar nicht unbeliebt, aber dennoch leicht belächelt. Er war ein super EDV-Fachmann und ein sehr netter Mensch, aber er hat eines Tages einen entsetzlichen Fehler begangen.

Die jungen Kollegen hatten sich in einer stillen Minute Pornohefte in die Firma mitgebracht. Natürlich wurden hiezu „Fachgespräche" geführt und wie man so schön sagt – „Da Schmäh is grennt!"

Kollege R. kam zufällig zur Runde dazu und die Kollegen luden ihn ein, doch auch einen Blick in die Hefte zu werfen, doch dieser meinte, dass er sich so etwas nicht ansehen würde. Die Kollegen sagten daraufhin, dass sie die Hefte eben dann doch weggeben und in den Kasten im EDV-Maschinenraum lagern werden. Kollege R. tat so, als wenn er dies nicht mal gehört hätte. Kollege S. hatte eine grandiose Idee, wie man den Kollegen R. endlich aus der Reserve locken könnte, da sie ihm sein konservatives Verhalten einfach nicht abkauften.

Bei der nächsten Nachtschicht von Hrn.R. kam es, wie es kommen musste. Er öffnete die Türe des Kastens und suchte nach den Heften. Da waren sie – gierig zog er die geilen Heftchen heraus, da passierte etwas ganz Fürchterliches. Die Heftchen waren mit Millionen von

Konfetti präpariert und fielen Kollegen R. vor die Füße auf den gerippten Teppich.

Er muss stundenlang gearbeitet haben, um diese Konfetti wieder halbwegs so zu platzieren, damit es nicht auffällt, dass er ja doch nicht der desinteressierte Sexmuffel ist. Es lies sich auch nicht vermeiden, dass am nächsten Tag die Kollegen in verschiedenen Teppichrippen Konfettireste fanden.

Bei jeden Zusammentreffen mit Hrn.R lächelten die Kollegen und er wurde ganz einfach nur stumm rot.

Vorsicht Glas

In unserem Büro sind als Verbindungstüren hauptsächlich solche aus Glas. Durch ein Missgeschick wurde eine Glastüre beschädigt, doch der Hausarbeiter war auf Urlaub und somit wurden nur die restlichen Scherben aus dem Rahmen genommen und die Türe geschlossen. Offen lassen konnte man sie nicht, da man sonst den Karteikasten nicht öffnen konnte und auf die Idee, die Türe auszuhängen, kam einfach keiner. Mit der Zeit gewöhnte man sich daran, durch den Türrahmen zu steigen, ohne die Türe zu öffnen.

Doch eines Tages wurde nach Büroschluss eine neue Scheibe eingesetzt und prompt stieg Kollege N. in der Früh in die neu verglaste Türe. Außer einem gewaltigen Schrecken ist Herrn N., Gott sei Dank, nichts passiert, doch diesmal wurde die Türe ausgehängt und als das neue Glas wieder im Rahmen war, schrieben wir einen großen Zettel: „Achtung Glastüre MIT Glas!"

Ich seh, ich seh, was Du nicht siehst

Meine Mutter kommt vom Einkaufen zurück und es fällt ihr erst in der Küche ein, dass sie nicht in den Postkasten geschaut hat. Sie stellt die Tasche ab, zieht die Stiefel aus und schlüpft in die Hausschuhe. Dann legt sie die Augengläser auf den Tisch, nimmt die Schlüssel und geht zum Postkasten. Dort trifft sie Fr.Wiedermann, die gerade einen Brief aus ihrem Postfach nimmt. Sie hat ihre Lesebrille nicht bei sich und bittet Mama (ohne Brille) nachzusehen, wer der Absender sei. Gemeinsam versuchen sie, den Absender zu entziffern. Erst nach einer ganzen Weile können sie es lesen:

Der Absender ist das *Blindenheim Graz.*

Die alte Haut

Hoher Besuch in unserem slowenischen Tochterunternehmen. Herr Direktor Marek besucht seinen Amtskollegen Herrn Direktor Mitic, der sehr gut Deutsch spricht, aber natürlich nicht alle Feinheiten der deutschen Sprache beherrschen kann.

Es ist ein sehr angenehmer Aufenthalt mit Werksführung, Stadtbesichtigung und Besuch von guten Lokalen. Bei der Abreise überreicht Herr Direktor Mitic seinem österreichischen Kollegen ein Sackerl mit Kosmetika aus der eigenen Fabrik. Er möchte sicher sagen: das sind unsere Cremen für die reifere Haut, darf ich Ihnen das für ihre geschätzte Gattin mitgeben, er sagt aber:

„Hier noch ein paar Cremen für ihre Frau – für die alte Haut."

Terror

Mein Freund und ich, beide in derselben Firma tätig, fuhren mit einem Firmenauto zur Messe nach Frankfurt. Es war eine lange, aber störungsfreie Fahrt und es war insgesamt eine sehr interessante Dienstreise. Wieder zurück im Büro begrüßte man uns schon beim Eingang mit „Hallo, ihr Terroristen." Da wir beide in der Früh nicht die Frischesten waren, schüttelten wir nur den Kopf und dachten uns nichts weiter. Als aber dann der Dritte uns anquatschte und fragte, ob wir eigentlich auch Waffen tragen, fragten wir doch mal nach, was das eigentlich soll. Und dann erfuhren wir, dass uns Interpol beobachtet hat, da uns ein deutscher Bürger angezeigt hat. Er dachte, mein Freund sei der damals so dringend gesuchte Terrorist Christian Klar, der mit seiner Freundin auf der deutschen Autobahn unterwegs sei. Aufgrund des Firmenautos wurde auch eine Abordnung von Beamten zur Arbeitsstelle geschickt, wo man unsere Personalien ausheben ließ und auch die Geschäftsleitung ihre Sitzung unterbrechen musste, um sich des Themas „Unsere Mitarbeiter sind mutmaßliche Terroristen" anzunehmen. Es war nicht besonders lustig, da mein Freund ebenfalls Christian hieß und ihm das Fahndungsfoto leider sehr ähnlich sah. Es wurden Beamte zu unseren Angehörigen geschickt, denen man aber nicht sagte, warum man uns sucht und die natürlich höchst beunruhigt waren. Kaum an unserer Arbeitsstelle angelangt, wurden wir von Interpol-Leuten getrennt verhört und konnten nun langsam und mühevoll gemeinsam diesen Terror aufklären.

Noch heute haben einige Kollegen Angst vor uns ....

Born to be wild

Massimo war der Inbegriff eines typischen Italieners. Schwarzhaarig, maskuline Gesichtszüge, schlank, immer schwarz gekleidet, Drei-Tagesbart und Grundausstattung war die schwarze Lederjacke. Zweimal im Jahr war der 18-jährige Feschling auf Besuch bei seiner Tante in Wien, deren Schwester vor 18 Jahren nach Italien ausgewandert ist und dort glücklich mit Mann und vielen Bambinis lebt. Massimo war bereits ein kleiner Frauenheld, denn er strahlte etwas leicht Wildes aus, das auf Frauen umwerfend, aber auf andere Menschen eher verrucht wirkt.

Nach einer ausgiebigen Discotour kam Massimo nun heim und bemerkte vor der Haustüre, dass er den Schlüssel vergessen hatte. Läuten traute er sich zu dieser späten Stunde nicht und so umkreiste er vorerst das Grundstück, um nach einem Schlupfwinkel zu suchen und unternahm einige Versuche, über den Zaun zu klettern. Einerseits lag es am hohen Zaun, anderseits am etwas angeheiterten Massimo, dass er es nicht so richtig schaffte. Zu seinem Pech konnte ein Nachbar nicht schlafen und beobachtete Massimo bereits einige Minuten und zögerte nicht sofort die Polizei zu rufen. Die kamen mit Blaulicht, zerrten Massimo vom Zaun und ließen ihn nicht zu Worte kommen. Er versuchte, in seinem etwas kläglichen Deutsch zu erklären, dass er hier wohnt, konnte sich aber nicht ausweisen und somit wurde er auf die Wache mitgenommen.

Nach einem Anruf um drei Uhr früh holte ihn seine Tante vom Polizeirevier ab und hasste ihn für die restlichen Tage seines Wien-Besuches.

Jahre später kam er immer noch zu seiner Tante, leider war er ein erfolgreicher Anwalt geworden. Er sprach vier Fremdsprachen, hatte formvollendete, aber wahrscheinlich einstudierte Manieren, seine Nägel waren manikürt, er trug nur noch Maßanzüge, sein Haar war bieder gescheitelt, und er hatte eine ebenso spröde Frau geheiratet.

Eigentlich wünschte sie sich wieder den wilden Massimo von damals am Polizeirevier zurück ....

Die Kirschen in Nachbars Garten

Schon seit Kindheitstagen träumte Else davon, einen eigenen Kirschenbaum zu besitzen. Obwohl sie jährlich beim Nachbarn Kirschen stehlen durfte, blieb es immer beim Wunsche ein eigenes Prachtexemplar zu erstehen. Jahrzehnte später – beim glücklichen Erwerb eines Kleingartens, sollte dies eine der ersten Anschaffungen von Else werden. Völlig unerfahren in Gartenarbeiten engagierte sie einen Profi für das Anlegen eines Blumenbeetes, das Setzen von Sträuchern, ... usw.

Es wurde auch vereinbart, dass Else sich einen Kirschenbaum beim Gartengroßmarkt aussucht und ihn sich der hauseigene Gartenprofi holt und einsetzt. Leider wurde dies durch Krankheit seinerseits verhindert und Else schaffte es irgendwie alleine, den noch kleinen Kirschenbaum mit ihrem Auto in den Garten zu bringen. Voll Elan grub sie ein Loch und setzte ihren Kirschenbaum ein.

Abends erzählte sie stolz ihrer Schwester am Telefon, dass sie sich heute ihren Kindheitstraum erfüllt hat. Diese fragte aber nur ziemlich unbeeindruckt: „Hast du auch das Netzgitter am Wurzelballen entfernt?" Natürlich nicht – sie ist ja ein Greenhorn in Gartenarbeit, also, los – wieder ausgraben, Netz entfernen, wieder eingraben. Nächsten Abend kam ihr Mann etwas angeheitert von einer Firmenfeier nach Hause. Sie öffnete ihm die Türe und sah, dass er am Rücken mit Erde beschmiert war. Ein kurzer Blick in den Garten und sie sah die Katastrophe. Elses Mann suchte Halt beim neu eingepflanzten

Kirschenbaum, der aber gab nach und fiel samt Elses Mann um. Das war – Eingraben, die Dritte.

Zwei Tage später kam der Profigärtner vom Krankenstand zurück und sagte nur ganz trocken: „Den Kirschenbaum müssen wir ausgraben, das ist ein ganz schlechter Platz für ihn" und ihr Kirschenbäumchen wurde das vierte Mal neu versetzt.

Es rächte sich im Folgejahr mit keiner einzigen Blüte. Im zweiten Jahr durfte sie sich an zwei Blüten erfreuen. Und eines Tages, sie konnte es nicht fassen – sie sah versteckt hinter Blättern vier Stück Kirschen – vier Stück!!!! Sie ging hin, um sie feierlich zu pflücken, doch – oh Schreck – es waren keine gewachsenen, sondern hingehängte. Schweren Herzens gestand ihr der Vater sogleich, dass er ihr damit eine Freude machen wollte, weil sie schon so lange ihre ganzen Hoffnungen in diesen Baum setzte.

Es dauerte aber noch weitere Jahre, bis Else endlich einen selbst gemachten Kirschenkuchen mit gepflückten Kirschen von ihrem mit zahlreichen Tücken versehenen Kirschenbaum fabrizieren durfte.

Fast auf den Hund gekommen

Karl war ein Arbeitskollege und spielte auch im firmeneigenen Tennisclub. Gelegentlich ergab es sich, dass wir zusammen spielten und ich fand ihn von Tag zu Tag interessanter. Die Wochen vergingen und die Sympathie schlug langsam in eine nette Verliebtheit meinerseits um. Er spielte aber den unnahbaren Ladykiller und ließ mich zappeln. Das schürte natürlich meinen Jagdinstinkt und langsam verzeichnete ich kleine Erfolge. Nach einem Tennisspiel fragte er mich, ob er mich auf ein Gläschen Wein einladen dürfte – selbstverständlich war ich hocherfreut und wir plauderten sehr nett. Ich wusste, dass er eine Freundin hat, aber mit solchen kleinen Hindernissen muss man eben rechnen und ich erzählte, dass ich derzeit Single bin und es eben doch nicht so leicht ist, jemanden Netten zu finden. Für die Disco ist man zu alt und die ganzen tollen Männer sind vergeben. Ich baggerte und baggerte .... und wartete, bis er endlich Worte sagen würde, wie z.B. „gehen wir doch einmal essen oder ins Kino."

Und dann kam er endlich aus der Reserve, er gab mir den entscheidenden Tipp, wie ich das große Glück finden könnte bzw. meiner Einsamkeit entfliehen könnte, er sagte:

„Kaufen Sie sich doch einen Hund!"
Das war einer der wenigen Momente, die mich stumm machten. So ein Volltrottel, kapierte der denn wirklich gar nichts?

Es hat ihm aber nichts genützt, ich hatte mich von diesem Schock bald wieder erholt und blieb einfach hartnäckig. Wir feierten im Vorjahr unseren zwanzigsten Hochzeitstag!

Shame and scandal in the family

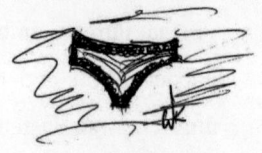

Ich hatte ein sehr anstrengendes Tennismatch hinter mir und war vollkommen durchgeschwitzt. Ich ging in die Dusche und wollte mir anschließend frische Sachen überziehen. Ich kramte in meiner Tennistasche und konnte einfach keine Unterhose finden, obwohl ich mir ganz sicher war, in der Früh alles eingepackt zu haben. Was soll es, ich verschwendete keinen weiteren Gedanken damit und zog mir eben meinen Badeanzug über. Ich setzte mich zu meiner Cousine Conni, die in meiner Mannschaft spielte und sah zu, wie sie einen ganz fürchterlichen Tag im Tennis erwischte. Sie machte furchtbare Eigenfehler und wirkte vollkommen unkonzentriert.

Erst Tage später erfuhr ich was geschehen war. Mein Mann und ich hatten Conni angeboten, gemeinsam in unserem Auto zum Meisterschaftsspiel zu fahren. Wir saßen bereits alle im Auto, da fiel mir ein, dass ich nochmals aussteigen musste, weil ich etwas vergessen hatte. Conni saß am Rücksitz und sagte plötzlich zu meinem Mann:

„Schau, da liegt eine schwarze Unterhose."

Karli, den Schalk im Nacken, sagte: „Gib her, damit sie die Monika nicht findet." Für Conni brach eine Welt zusammen, sie hielt uns immer für das ideale Paar, das sich prächtig versteht und es niemals irgendwelche Probleme geben könnte. Sie dachte an den Zerfall der ganzen Familie und es kränkte sie sehr, da sie ja auch ein Teil davon war. Sie verstummte daher und er ließ sie alleine mit ihren schweren Gedanken, die sie auch in ihrem Tennisspiel nicht ablegen konnte und haushoch verlor. Sie dachte hin und her – soll ich meiner Cousine etwas sagen, soll ich es für mich behalten und wie konnte es nur so weit kommen und, und, und ....

Mein Mann erzählte mir diese Story erst einige Tage später. Ich musste ihn einfach fragen, ob er nicht ganz normal war und Conni in so ein Gewissensdilemma bringen konnte.

Ich ging daher ganz lässig zu ihr hin und sagte: „Übrigens, die Unterhose damals im Auto, das ist meine, Karli hat dich nur auf den Arm genommen!"

Karli gehört seit damals nicht mehr zu den Lieblingsverwandten von Conni.

Hector fass

Hector ist ein Monster von einem Hund. Eine reinrassige Dogge mit einer besonders ausgeprägten mächtigen Erscheinung. Man fühlt sich neben ihm so herrlich unantastbar und ich würde mir einiges trauen, weil ich weiß, Hector steht neben mir und alle machen einen großen Bogen um ihn.

Was die anderen nicht wissen, ist, dass Hector der feigste, stillste, dümmste und schreckhafteste Hund ist, der mir je begegnet ist. Eine vorbeiflitzende Maus kann ihn für den Rest des Tages verschreckt in seine Hundehütte verschwinden lassen. Ein Igel hat ihm eine furchtbar blutende Schnauze beschert und eine Katze hat ihn mit einem kräftigen Pfotenhieb in Angst und Schrecken versetzt. Bellen haben wir ihn eigentlich auch noch nie gehört, höchstens winseln, wenn ein Gewitter ist und er sich unter dem Tisch versteckt.

Frauchen und Herrchen, tagsüber berufstätig, sind Besitzer einer wunderschönen Villa am Stadtrand, die nur im Erdgeschoss mit einer Alarmanlage ausgerüstet ist.

Dies alles muss der Einbrecher ausgeforscht haben, denn im vergangenen Jahr stieg er über den Balkon im ersten Stock ein. Er ging durch das Esszimmer, in dem es nichts zu holen gab und öffnete die Schlafzimmertüre. Es war schon dämmrig, aber das, was er sah, ließ ihm das Blut in den Adern gefrieren. Durch das Öffnen der Türe, offenbar im bestem Schlaf gestört, erhob sich Hector und baute sich vor dem Einbrecher auf. Er ließ sich zu einem leichten Knurren hinreißen, das war es aber auch schon. Der Gauner wurde leichenblass und hetzte zur Türe, Hector hinter ihm her. Natürlich nicht, um ihm vielleicht etwas anzutun, nein, er wollte sichtlich Fangen spielen! Hector konnte auch Türen öffnen und somit musste der Einbrecher eine kleine Anrichte vor die Türe schieben, um diese zu fixieren und aus dem Hause zu flüchten.

Herrchen kam nach Hause, ging ins Bad und dann durch die zweite Türe ins Schlafzimmer. Hector lag zusammengerollt und verschreckt in einer Ecke und begrüßte nicht mal seinen geliebten Herrn. Erst als Herrchen die andere Türe öffnen wollte, bemerkte er die Ursache für Hectors Verhalten. Es war ihm sofort klar, dass Hector unbewusst einen Einbrecher verjagt hatte und er liebte sein kleines Riesenbaby noch mehr und verzieh seinem zahmen Lämmchen seine ganzen schrulligen Hundemacken.

Der Sanitäter – Sado – Maso – Trip

Wolfgang war ein Musterschüler und ein Traum für alle Mütter und Väter. Stets ordentlich, nett und sauber, fleißig, schüchtern, naiv und lieb. Von Kind an lernte er, dass man seine Dienste auch dem Wohle der Gemeinschaft zur Verfügung stellen muss und nach mehrjährigem Pfadfinderdasein, Jungschar und dergleichen war es selbstverständlich, dass er neben seinem Studium ehrenamtlich als Sanitäter beim Roten Kreuz tätig ist.

Wolfgang und sein Rettungsteam wurden zu einem Einsatz in eine Wohnung gerufen. Man wusste nur, dass Schreie von mindestens zwei Personen aus der Wohnung kommen und die Polizei bereits vor Ort war.

Der Rettungsarzt, ein Sanitäter und Wolfgang stürmten die drei Stockwerke hoch, betraten die Wohnung, die bereits von der Polizei geöffnet war. Ein Polizist, der vor dem Schlafzimmer stand, deutete nur mit ernster Miene in das Zimmer hinein. Wolfgang hatte schon viel gesehen, schwer verletzte Menschen mit abgerissenen Gliedmaßen, verletzte Kinder, tote Menschen, usw......, aber was er hier sah, war für seine empfindsame Seele einfach zuviel. Während seine Kollegen in verhaltenes Gelächter übergingen, wurde er leichenblass, stand wie gelähmt im Raum und war unfähig zu helfen.

Was war geschehen?

Ein praktizierendes Sado-Maso Pärchen hatte mittels Inserat ein Paar mit gleicher Veranlagung gesucht und offenbar auch gefunden. Pech für die beiden war, das sich dieses andere Pärchen einen Scherz erlaubte, die beiden nackt auszog, ans Bett fesselte und dann abhaute. Durch die stundenlangen Versuche sich zu befreien, haben sie sich natürlich die Hände blutig gerieben.

Sie brüllten daraufhin solange, bis Nachbarn hellhörig wurden und die Polizei riefen.

Aufgrund dieser Peinlichkeit haben sich die beiden eine neue Wohnung gekauft.

Wolfgang wurde dann von seinen Kollegen auf ein Bier eingeladen, hat sich aber von diesem Schock niemals wirklich erholt.

Sexuelle Belästigung am Arbeitsplatz

Unser Chef – das muss man zugeben – hat wirklich einen guten Schmäh. Immer gut für tolle Pointen, schlagkräftige Antworten und super Witze. Er ist redegewandt in der Gesellschaft, kann beinhart und erfolgreich verhandeln, kann sich in vier Sprachen unterhalten und ist insgesamt ein wirklich guter Rhetoriker.

Er ist außerdem sehr sportlich und fährt fast täglich mit dem Fahrrad ins Büro und alle bewundern ihn, wenn er beschwingt durch das Fabrikgelände zum Fahrradparkplatz fährt.

Er fährt gerade beim Portier vorbei und sieht die sehr attraktive Assistentin des Generaldirektors in die gleiche Richtung gehen. Er drosselt sein Tempo und als er auf gleicher Höhe wie Fr.M. ist, fragt er unschuldig: „Guten Morgen, Fr.M., soll ich Sie auf meiner Stange mitnehmen?"

In der gleichen Sekunde, in der der Satz beendet ist, denkt er sich: „Mensch, bist du blöd, eine ärgere Anmache gibt es ja wohl nicht!" Fr.M. schüttelt peinlich lächelnd den Kopf und wird ziemlich rot. Die beiden trennen sich fluchtartig und es ist sein nächster Fehler, den Kollegen diese Geschichte zu erzählen.

Wir können uns immer wieder über diesen Satz amüsieren und wundern uns, dass er trotzdem Karriere gemacht hat.

Lass jucken, Kumpel

Hr. Generaldirektor H. hatte die ganze Nacht furchtbare Ohrenschmerzen und beschloss gleich in der Früh einen Arzt aufzusuchen. Da aber in aller Herrgottsfrüh eigentlich nur die Bezirks-Ambulatorien geöffnet haben, beschloss er das nächstgelegene aufzusuchen. Punkt sieben Uhr saß er mit ca. 25 Patienten im Wartezimmer und fand natürlich als moderner, offener Globalisierungspraktiker nichts dabei, von verschiedenen Sprach-Kleidungs- und Riechkulturen umringt zu sein.

Endlich war er an der Reihe und die Schwester bat ihn, im Behandlungsraum Platz zu nehmen. Da er sich ständig an der Schulter kratzte, fragte sie ihn, was er denn hat. Er meinte, dass er wegen Ohrenschmerzen hier sei, aber seit einigen Minuten verspürt er ein furchtbares Jucken. Die Schwester meinte nur ganz trocken: „Dann haben sie sicher einen Floh erwischt, kommen Sie, ich helfe Ihnen." Und schon verspürte Herr Generaldirektor H. die Riesenpranken der Schwester in seinem Hemd verschwinden und in Windeseile hatte sie den Floh mit ihren Fingern gefangen.

Schnell ins Büro laufend überstand der als absoluter Pedant bekannte Herr Generaldirektor H. die Stunden der angesetzten Vorstandssitzung nur mit dem Gedanken an die nächste Dusche und an ein frisches Hemd ohne Floh. Das überaus wichtige Auslands-Millionenprojekt konnte dem kleinen Floh in keinster Weise Parole bieten.

Diese Sitzung zählte mit absoluter Sicherheit zu den mental und rhetorisch schlechtesten seines Managerdaseins.

Bravo !

Heinrich war ein großer Fan von Hans Peter Heinzl. Seine Frau besorgte daher zwei wunderbare Karten für einen seiner Kabarettabende. Leider fiel dieser Termin genau auf denselben Tag wie das Kleingartenfest und Heinrich hatte bereits einige Gläschen Wein konsumiert, als er zum Umziehen nach Hause kam und leicht beschwingt in Richtung Theater fuhr. Das Licht ging aus, die Vorstellung begann und Heinrich schlief ein. Seine Frau ließ ihn zu Beginn einfach schlafen, denn sie hoffte, dass er bald gestärkt wieder aufwachen würde.

Doch nein, sein Schlaf wurde intensiver und er verband es mit einem kräftigen Schnarchen. Das war der Moment, in dem er einen ordentlichen Seitenhieb von seiner Frau in die Nierengegend bekam. Er schreckte furchtbar hoch und begann in die Stille des Theaters und mitten in Heinzls Vortrag kräftigst zu applaudieren.

Heinzl riss einen Schnarchschmäh, Heinrichs Frau hat ihm fast den Kopf abgerissen und in der Pause rissen sie aus dem Theater ab.

Seit damals gingen die beiden nie mehr gemeinsam in ein Theater.

Rache ist süß

Kollege G. war das, was man eine *gierige Sau* nannte. Jedes Büro, das er betrat, suchte er blitzschnell nach etwas Rauch- bzw. Essbarem ab und nahm es sich einfach ungefragt. Dass er nicht einer der beliebtesten Chefs war, kann sich jeder vorstellen und man war meistens derart verblüfft, dass man kein Wort der Entrüstung über die Lippen bekam. Kollegin N. aber schwor Rache.

Es dauerte zwei Jahre, bis der richtige Moment kam und sie ihm ein leckeres Tellerchen mit Serviette und köstlich angerichteten Hundekuchen und -stangerln auf die Theke stellte. Kollege G. kam den Gang entlang und startete noch vor dem „Guten Tag" auf den Teller zu. Ein kurzes Innehalten und die Frage: „Ist das Hundekuchen?", worauf Kollegin N. todernst sagte: „Nein, das sind leckere Zuckerln." Das genügte, um blitzschnell ein herzhaftes Frolic in seinen Mund verschwinden zu lassen. Kollegin N. grinste ihm daraufhin spöttisch zu. Das Gesicht, das er nach zirka drei Sekunden machte, war echt sehenswert. Die Worte „Das ist ja doch Hundekuchen" sagte er bereits laufend am Gang Richtung WC.

Kollegin N. genießt seit damals die Hochachtung aller anderen Kollegen und man ist nach wie vor gespannt, ob Gier eigentlich jemals heilbar ist.

Die lieben Kleinen

Martina ist mit ganzem Herzen Kindergärtnerin. Sie liebt es, mit den Kleinen zu spielen und ihnen vieles beizubringen. Doch Martina ist auch ein sehr hübsches, junges Mädchen, dass das Leben liebt und gerne ausgiebig feiert.

Sie hat die ganze Woche mit ihren Schützlingen ein Vatertagsgedicht einstudiert und die Kinder freuen sich schon, ihren Vätern am Sonntag ihr gelerntes Gedicht vortragen zu können. Immer wieder hilft Martina den Kindern, wenn diese sich versprechen oder den Text vergessen, aber gegen Ende der Woche sind alle toll vorbereitet.

Martina geht glücklich ins Wochenende, sie freut sich auf das Treffen mit ihren Freunden und dem neuen Schwarm Markus. Sie hofft, dass sie sich dieses Wochenende endlich näher kommen und die Beziehung inniger wird. Und tatsächlich – Markus ist hinreißend, er tanzt mit Martina und die beiden landen trunken vor Verliebtheit und etlichen gekippten Cocktails um drei Uhr Früh in Martinas Wohnung.

Um 7.00 Uhr Früh läutet ihr Telefon, sie riskiert einen vorsichtigen Blick auf die Uhr, dann auf den schlafenden Markus und dann auf das läutende Telefon. In Sorge, dass vielleicht etwas in der Familie nicht stimmt, hebt sie noch völlig benommen von Alkohol und Liebe ab. Am Telefon ist Patrick – ein süßer Vierjähriger aus dem Kindergarten, der ganz nervös Martina bittet, den Beginn des Vatertagsgedichtes vorzusagen, weil er es in der Aufregung vergessen hat. In diesem

65

Moment wacht Markus auf und die ersten Worte nach der tollen Liebesnacht, die er von Martina hört, sind:

„Lieb Väterlein, Du Bester mein, ich möchte heute Dich erfreuen!"

Hot in the City

Es war heiß in der Stadt – brütend heiß, laut Radiobericht, der heißeste Tag des Jahres, über 35 Grad im Schatten. Renate war Kellnerin im Stadtcafe und bereits seit 7 Uhr Früh im Dienst. Unermüdlich schleppte sie Speisen und Getränke vom Schankraum in den sehr gut besuchten Garten und um 11 Uhr war sie schon sehr müde. Sie steuerte auf einen neuen Gast zu, ein sympathischer, älterer Herr, der einen kleinen Braunen bestellte. Renate drehte sich um und nach fünf Sekunden war es einfach weg. Sie konnte sich beim besten Willen nicht mehr erinnern, was der Gast bestellt hatte. Etwas peinlich berührt ging sie zurück zum Tisch und sagte: „Bitte, entschuldigen Sie, die Hitze hat mich heute schon ganz irre gemacht, was noch mal haben Sie bestellt?" Und er sagte verblüfft drauf: „ Ach so, ich habe schon etwas bestellt?"

Ob es die Hitze, das Alter oder der Schalk im Nacken des Herrn war, hat Renate niemals erfahren, sie mussten aber beide herzlich lachen.

Epilog

Ich hoffe diese Geschichten aus dem wahren Leben haben ein wenig zum Lachen angeregt.

An der Fortsetzung wird bereits gearbeitet und es ist wiederum kaum zu glauben, was die Leute alles so erleben!